Wenn es nur einmal
so ganz stille wäre.
Wenn das Zufällige und Ungefähre
verstummte und das nachbarliche Lachen,
wenn das Geräusch, das meine Sinne machen,
mich nicht so sehr verhinderte am Wachen -:
Dann könnte ich in einem tausendfachen
Gedanken bis an deinen Rand dich denken
und dich besitzen (nur ein Lächeln lang),
um dich an alles Leben zu verschenken
wie einen Dank.

RAINER MARIA RILKE

Lass deine Empfindsamkeit und Empathie nie zu einem reinen Prinzip oder zur Routine werden, auf dass du das Feuer im Blick deines Gegenübers immer wieder erkennst.

EINLEITUNG

Herzlichen Glückwunsch! Du beginnst dieses Buch mit der Einleitung. Viele Leser überspringen gewöhnlich dieses Kapitel. Sie halten es für unnötiges Geschwafel oder Selbstbeweihräucherung des Autors und möchten sich lieber selbst ein Urteil vom Buch machen, anstatt es vom Autor erklärt zu bekommen. Auch ich gehöre zu dieser Gruppe von Buchlesern.

Du anscheinend nicht. Und das ist auch gut so. Dich interessieren offenbar der Autor und seine Motivation, warum er dieses Buch geschrieben hat. Du stehst dem Angebot offen gegenüber, wertvolle Tipps zu erhalten, wie du für dich das Beste aus diesem ungewöhnlichen Buch herausholen kannst? Und nicht zuletzt möchtest du erfahren, was dieses Werk im Vergleich zu Tausenden anderen Meditations- und Achtsamkeitsbüchern so besonders macht, oder?

Wie dieses Buch entstand

Vor einigen Jahren unterhielt ich mich mit einem Freund darüber, dass es doch schade sei, dass man sich mit einem guten Ratgeber oder einem Buch für die tägliche innere Einkehr immer nur eine Weile beschäftigt und das Interesse daran automatisch nach einer gewissen Zeit nachlässt. Spätestens dann, wenn man alle Übungen ausprobiert oder alle Seiten des Buches gelesen hat. Mir ist es zuletzt mit dem wundervollen Selbsthilfebuch „Kraft zum Loslassen“ der Autorin Melody Beattie so gegangen. Die Meditationen der Schriftstellerin haben mich täglich über viele Jahre meines Lebens begleitet. Sie halfen mir dabei, innere Blockaden zu überwinden, die ich im Zusammenhang mit dem Thema Co-Abhängigkeit bei mir erkannt hatte. Doch nach all der langen Zeit stand selbst dieser wirklich hilfreiche Begleiter irgendwann auch nur wieder ungenutzt im Regal. Habe ich alle meine Lektionen daraus gelernt oder ist es das ständige Verlangen nach etwas Neuem, was dazu geführt hat?

Ein Gedanke ließ mich seit diesem Gespräch nicht mehr los: Wäre es nicht toll, wenn man ein Hilfsmittel zur persönlichen Einkehr und Besinnung hätte, das einem jeden Tag immer wieder neue und jeweils genau passende Anregungen lieferte? Und damit seinen Reiz zeitlebens oder zumindest für eine sehr lange Zeit nicht verlieren würde? Aber wie könnte das aussehen? Die Antwort auf diese Frage erhielt ich wenige Tage später quasi im Schlaf. Eines Morgens wachte ich mit dem vollständigen Konzept in meinem Kopf auf. Das Ergebnis hältst du nun in deinen Händen.

Das Besondere an diesem Buch

Beim „Dreimaleins für die Seele" sind alle Buchseiten in drei Teile unterteilt, die du jeweils unabhängig voneinander intuitiv an irgendeiner Stelle aufschlagen kannst. Du nimmst den obersten Seitenstapel zwischen Daumen und Zeigefinger, lässt die Seitenteile wie bei einem Daumenkino abblättern und stoppst spontan dort, wo du möchtest. So fährst du auch mit den beiden unteren Abschnitten des Buches fort und erhältst so jedes Mal eine neue Zusammenstellung der drei Teile. Sie alle kreisen inhaltlich um Themen wie Selbstannahme, Akzeptanz, Dankbarkeit, Gelassenheit, Achtsamkeit, Vertrauen etc. und passen daher in jeder Kombination zueinander. Mehr noch: Die positiven Gedanken und Übungen eröffnen dir in jeder Abfolge andere, neue Perspektiven.

DIE DREI BUCHTEILE

Jede von dir spontan zusammengesetzte Gesamtmeditation besteht wie gesagt aus drei verschiedenen Abschnitten, die zusammen das Herzensgeschenk ergeben, das für deinen jeweiligen Tag gedacht ist.

ABSCHNITT 1: Selbstbestärkungen/positive Glaubenssätze

Welche guten Gedanken und Überzeugungen machen dir Mut? Vielleicht erhältst du deine Motivation, deine Kraft fürs Leben aus deiner Beziehung oder deiner Familie. Bei anderen ist es möglicherweise ein besonderes Hobby oder der Traumjob, der ihnen Erfüllung gibt.

In Zeiten des Umbruchs und einschneidender Veränderungen habe ich mich oft gefragt, was für mich wirklich wesentlich im Leben ist. Was mich antreibt und mir Freude am Leben schenkt. Wer wie ich in einer Großstadt lebt, kommt vor lauter Werbung, Dauerbeschallung und einem fast nie abreißenden Strom scheinbar unglaublich wichtiger Neuigkeiten kaum dazu, sich diese Frage einmal in Ruhe zu stellen. Geschweige denn, nach einer wirklich tragenden Antwort darauf zu suchen. Zu massiv sind die äußeren Beeinflussungen durch Medien, Marken und andere Meinungsmacher; zu viel und zu wechselhaft sind die Eindrücke, die verarbeitet werden wollen. Es gab daher oft Momente, in denen gipfelte meine innere Rast- beziehungsweise Richtungslosigkeit einfach nur in einem flehentlichen Gebet, ich möge doch gezeigt bekommen, was wirklich wichtig ist, worauf es im Leben eigentlich ankommt.

Was zählt im Leben wirklich?

Bei meiner Arbeit als Verleger habe ich zahlreiche Menschen im reiferen Alter dabei unterstützt, ihre Lebensgeschichte als Buch zu veröffentlichen. Eines zeichnete sich dadurch für mich immer deutlicher ab: Durch alle Höhen und Tiefen eines bewegten und bewegenden Lebens hindurch waren es nicht in erster Linie die beruflichen Erfolge, der erwirtschaftete Wohlstand oder Ruhm und Anerkennung, was diese Autoren rückblickend zufrieden, dankbar und erfüllt gemacht hatte. Nein, es waren mit deutlichem Abstand die Erlebnisse und Erfahrungen mit anderen Menschen, die ihrem Leben Sinn und Erfüllung verliehen hatten.

Diese Erkenntnis wird auch durch eine Befragung von Sterbenden gestützt, die angeben sollten, was sie im Rückblick auf ihr Leben am meisten bedauerten[1]. In ihrem gleichnamigen Buch beschreibt die australische Sterbebegleiterin Bronnie Ware die „Fünf Dinge, die Sterbende am meisten bereuen". Auf Platz 1 steht der Wunsch, häufiger die Dinge gemacht zu haben, die man wirklich tun wollte und die einem Freude bereiteten, also mehr seinen eigenen Wünschen und Träumen gefolgt zu sein. Als weiteren wichtigen Punkt gaben die Sterbenden an, sie hätten lieber mehr Zeit mit ihren Angehörigen und Freunden verbracht.

Es sind die Beziehungen, das Zwischenmenschliche oder, etwas abstrakter gesagt, die Liebe, die das Leben (auch rückblickend betrachtet) lebenswert und sinnerfüllt erscheinen lassen. Eigentlich wissen wir das auch, und doch geraten die Prioritäten im hektischen Alltag wieder durcheinander. Mir wurde klar, dass ich mir das, woran ich glaube und was mir Kraft gibt, jeden Tag ganz deutlich bewusst machen und am besten aufschreiben sollte, um es nicht aus dem Blick zu verlieren. So könnte ich mir die positiven Gedanken und inneren Überzeugungen dann immer wieder anschauen und meine Seele dauerhaft mit dem beschäftigen, was wohltuend und tröstlich wirkt und meine Gedanken und Entscheidungen in eine gute Richtung lenkt.

Es gibt natürlich sehr unterschiedliche philosophische und spirituelle Anschauungen und Auffassungen von einer Art universelle Liebe, von der alles abhängt und auf die alles zuläuft.

Von der Kraft also, „die die Welt im Innersten zusammenhält"[2]. Für mich als Menschen, der von dem jüdisch-christlichen Welt- und Gottesbild geprägt ist, ist diese Kraft der Glaube an einen liebenden Gott und die Erfahrung, dass er auf meine Fragen antwortet und mich begleitet und leitet. Ein Teil der positiven Glaubenssätze im obersten Abschnitt der Meditationen fußt daher auch nicht zufällig auf elementaren Aussagen der Bibel. Es sind persönlich zu nehmende Versprechen, in denen es um die Beziehung zwischen Gott (oder wie immer du diese höchste Präsenz nennen magst) und dir beziehungsweise mir geht. Ein Beispiel: „Wenn ich ganz unten bin, richtet Gott mich wieder auf und gibt mir neue Kraft." In der Sprache der Bibel heißen diese Aussagen göttliche Verheißungen oder auch Zusagen. Ich habe die Bibelstellen, auf denen diese Zusagen beruhen, frei und aus der Ich-Perspektive neu formuliert. Mir ging es darum, die überlieferten Worte wie eine Frucht von der historischen und kulturellen Schale ihrer Zeit zu befreien, um so an den Kern, die wirklich bedeutsame und zeitlose Aussage, zu gelangen. Und dieses Samenkorn besitzt die Kraft, neue Früchte hervorzubringen.

Du bist grundsätzlich ein spiritueller Mensch, hast aber vielleicht ein Problem mit dem Wort „Gott"? Dann versuche doch, stattdessen Begriffe wie zum Beispiel „das Leben", „das Universum" oder eine andere für dich stimmige Bezeichnung einzusetzen. Ich hoffe, dass du auf diese Weise den positiven Aussagen etwas für dich abgewinnen kannst. Auch wenn dir die Vorstellung von einer höheren Macht fern liegt oder du von einer ganz anderen spirituellen oder philosophischen Tradition geprägt bist, solltest du dich in der einen oder anderen Selbstbestärkung wiederfinden können. Mein Ziel war es, eine Sammlung zusammenzustellen, die möglichst viele grundlegende Weisheiten und Wahrheiten enthält, die uns Mut machen und Kraft geben. Ich wollte damit ein Buch erschaffen, das dich möglichst lange begleitet und bestärkt und dir als geistig-geistliche Überlebenshilfe dient, egal ob im Dschungel der Großstadt oder auf einer einsamen Insel.

ABSCHNITT 2: Anleitungen, Übungen und praktische Aufgaben

Ein positiver Gedanke, der einen durch den Tag begleitet und Mut macht, ist schon eine tolle Sache. Vorausgesetzt, du erinnerst dich an den Inhalt auch nachhaltig. Aber reicht es wirklich aus, eine bestimmte Aussage immer und immer zu wiederholen, um die Botschaft auch dauerhaft in deinem Innern zu verankern? Meiner Erfahrung nach jedenfalls nicht. Und zahlreiche spirituelle Traditionen aus aller Welt und die Ergebnisse von Psychologen und Gehirnforschern geben mir dabei recht: Damit eine Erkenntnis dauerhaft dein Denken, Fühlen und Handeln beeinflussen kann, muss diese auch über dein Fühlen (Gefühle) und dein HANDeln (Hand = Körper) erfahren und eingeübt werden. Es gibt ein chinesisches Sprichwort (mancherorts wird es auch der hebräischen Bibel zugesprochen), das diesen Zusammenhang klarmacht:

- Achte auf deine Gedanken, denn sie werden deine Worte!
- Achte auf deine Worte, denn sie werden deine Taten!
- Achte auf deine Taten, denn sie werden deine Gewohnheiten!
- Achte auf deine Gewohnheiten, denn sie werden dein Charakter!
- Achte auf deinen Charakter, denn er wird dein Schicksal!

Deshalb besteht der zweite Seitenteil aus ganzheitlichen Übungen und Anleitungen, die dir dabei helfen sollen, die jeweilige spirituelle Wahrheit für dich persönlich zu erfahren, zu vertiefen und so nachhaltig im wahrsten Sinne des Wortes, zu verinnerlichen. Eine ganzheitlich gelebte Spiritualität findet nicht nur im Kopf statt, sondern hat auch „Hand und Fuß". Dafür habe ich eine Vielfalt unterschiedlicher Meditationsformen für dich zusammengestellt: praktische Anleitungen, einfache Übungen, geführte musikbegleitete Entspannungsübungen (Audiostreams), Lieder und Gebete und vieles mehr. Das sorgt für Abwechslung und hilft, die für dich geeignetste Form zu finden. Inspiration für die von mir zusammengetragenen und selbst verfassten Übungen schöpfte ich aus meiner mehr als dreißigjährigen Erfahrung mit den Themen Bewusstheit und Entspannung und aus eigener Betroffenheit. Mehr als einmal kämpfte ich in meiner Vergangenheit mit den Symptomen eines sogenannten Burnout-Syndroms. Auf der Suche nach Hilfe zur Selbsthilfe beschäftigte ich mich mit kognitiven und körperlichen Therapieformen wie Visualisierung, Atemtherapie, Progressive Muskelentspannung, Feldenkrais usw., und vertiefte dieses Wissen durch die Teilnahme an mehrwöchigen Rehabilitations- und Weiterbildungskursen.

ABSCHNITT 3: Tages-Credo

Welche Reaktionen, Gefühle, Gedanken stellst du bei dir beim Lesen des folgenden Satzes fest? „Heute kann ich mich einem inneren oder äußeren Impuls überlassen, der Wohlbefinden in meinem gesamten Körper ausbreiten möchte." Sätze wie dieser greifen den Inhalt des ersten und zweiten Abschnitts auf, verdichten ihn sprachlich und stellen dir eine persönliche Erfahrung damit in Aussicht. Vielleicht klingen sie erstmal etwas seltsam für dich und du denkst: „So etwas kann ich mir doch nicht quasi selbst voraussagen!" Ich verrate dir, warum ich davon überzeugt bin, dass die Tages-Credos positive Auswirkungen haben:

1. Gemeinsam mit den beiden anderen Meditationsabschnitten gehen diese Sätze viel tiefer, weil sie alle Sinne ansprechen und durch die praktische Anwendung länger im Bewusstsein bleiben.

2. Sie stellen eine positive Selbstbeeinflussung dar, und lenken deine Aufmerksamkeit bzw. deine Erwartungen im Laufe deines Tages in Bezug auf folgende zwei Fragen:

- Welche Erfahrung möchte ich in Folge der Übung/Meditation heute machen?

- Welche Veränderung nehme ich wahr, die mich und meinen Blick auf meine Umwelt nachhaltig beeinflusst?

Du kennst diesen Zusammenhang vielleicht auch unter dem Begriff „selbsterfüllende Prophezeiung" – das, worauf du dich ausrichtest, das wird auch deinen Tag prägen. Meine eigenen Erfahrungen mit solchen Sätzen sind jedenfalls sehr positiv und ich hoffe und wünsche dir, dass du sie auch so erlebst.

Zufall oder Absicht? – Ein weiterer Zugang

Deiner spontanen Eingebung beim willkürlichen Aufschlagen der Buchteile zu folgen, ist ein spielerischer Vorgang, der Spaß macht. Denn du weißt vorher nie, was dich im Einzelnen erwartet. Ein bisschen wie bei einem Glückskeks ☺.

Obwohl wir uns ständig einbilden, über so vieles die Kontrolle zu haben, ist es meist doch eher der „Zufall" oder das sogenannte Glück, dem wir eine besondere Wendung in unserem Leben verdanken, oder? Der Lebenspartner, den du triffst und in den du dich verliebst; das eine von 150 Millionen Spermien, das es schafft, die Eizelle zu befruchten; lebenswichtige Erfindungen wie Penizillin, die aufgrund eines Versehens zustande kamen ... Ich persönlich glaube nicht an „Zufälle", sondern bin überzeugt, dass unser Leben einen tiefen Sinn hat und dass es im göttlichen Interesse liegt, dass wir uns immer mehr zu der Person entwickeln, als die wir gedacht sind. Und dazu ist unsere Intuition oft eine große Hilfe. In diesem Sinne hoffe ich, dass die

Kombinationen, die du intuitiv aufschlagen wirst, ihre Bedeutung für deine jeweilige Lebenssituation entfalten werden.

Wundere dich daher auch nicht, wenn du „zufällig" ein und dieselbe Übung mehrere Male hintereinander „serviert" bekommst. Dies könnte ein Hinweis darauf sein, dass du gerade in diesem Bereich einer für dich wichtigen Herausforderung gegenüberstehst, die dich etwas lehren möchte. Wenn du mit diesem ganzen „Gerede vom Schicksal" überhaupt nichts anfangen kannst und lieber logisch und strukturiert an die Sache herangehst, gibt es noch einen anderen Zugang zum „Dreimaleins für die Seele":

Die Systematik des „Dreimaleins für die Seele"

Vielleicht interessiert es dich ja, zu erfahren, welche Kombinationen von mir zuvor als zusammengehörig verfasst waren? Wenn du die Gesamtmeditation auch einmal in ihrer „ursprünglichen" Gestalt lesen möchtest, findest du dazu am rechten Seitenrand eine durchgängige Seitennummerierung.

Noch auf ein Wort

„Aller Anfang ist leicht." So sollte eigentlich das Motto lauten für deine neugierige, spielerische und experimentierfreudige Beschäftigung mit dem „Dreimaleins für die Seele". Denn du hättest dieses Buch nicht gekauft, wenn du in deinem Inneren nicht eine Resonanz, also einen Nährboden, vorfinden würdest, auf den die Gedanken, Anregungen und Übungen fallen können. Ohne deine Offenheit und Bereitschaft, dich weiterzuentwickeln, könnten alle Bücher dieser Welt dich nicht zu dem hinbewegen, wozu du im Grunde deines Herzens schon längst bereit bist. Darum wünsche ich dir nun einfach viel Spaß und die Art von kreativer Energie, die auch mich beim Zusammenstellen und Gestalten begleitet hat. Ich würde mich freuen, wenn dir das „Dreimaleins" ein treuer Freund wird, der dich über einen kurzen oder längeren Wegabschnitt begleitet und dich dabei unterstützt, zu mehr innerer Freiheit und seelischer Entfaltung zu kommen.

PS: Wir Deutschen neigen ja allgemein zur Gründlichkeit. Und viele von uns leben nach der Devise „keine halben Sachen machen" oder „wenn schon, dann richtig". Und natürlich empfehle ich dir, bei deiner Meditationszeit alle drei Abschnitte zu lesen beziehungsweise die Übungen auch wirklich zu machen, um die positive Wirkung zu genießen. Bei aller Entschlossenheit, mit der du an dir arbeiten möchtest, verliere aber bitte das rechte Maß nicht aus den Augen.

Der Selbstoptimierungstrend, den wir in den letzten Jahren beobachten, hat auch viele Egoisten und Burnout-PatientInnen geformt. Daher sei freundlich mit dir und bedenke, dass die Texte und Anregungen in erster Linie ein Angebot und einen Anstoß darstellen, um deine innere Beweglichkeit zu erhöhen, aber kein Trainingsprogramm, um dich noch erfolgreicher oder effizienter zu machen. Vertraue daher am besten deinem Gefühl, wie viel und was dir zur jeweiligen Zeit gut tun könnte; auch wenn dies bedeutet, von allem eine Pause zu machen und dir einfach nur mal wieder was Gutes zu gönnen.

Und noch ein Hinweis: Wenn du bei dieser vielleicht neuen Art der Beschäftigung mit dir selbst auf Probleme, Ängste oder negative Gefühle stößt, die grundlegender Art sind und dein innerer Leidensdruck zu groß wird, kann es auch besser sein, professionelle Unterstützer (Coach, PsychotherapeutIn, Arzt/Ärztin) zu Rate zu ziehen, da diese in der Regel etwas mehr sehen als du und dir weiterhelfen können.

VERZEICHNIS

Hingabe/Liebe

Selbstliebe

Akzeptanz

Dankbarkeit

Hast du ein ganz spezielles Anliegen oder eine ungefähre Vorstellung davon, welche Gedanken/Übungen dir in deiner jetzigen Situation helfen könnten? Dann findest du hier eine Liste von seelischen Bedürfnissen beziehungsweise Zuständen mit Verweisen auf die Meditationen, die dazu passen. Diese sind wiederum in acht Hauptkategorien unterteilt.

Der Mood-Finder auf der nächsten Seite stellt sämtliche erstrebenswerten Bewusstheitszustände, positive Stimmungen und Seelenqualitäten systematisch in Form einer Scheibe dar. So kannst du direkt eine Meditation (alle drei Teile mit derselben Seitenzahl) aufschlagen, die auf dein aktuelles Bedürfnis passt.

Danke für alles!

Mein besonderer Dank gilt meinem lieben Freund Markus, der mich auf unzähligen gemeinsamen Wanderungen in meiner Vision inspiriert, mental und emotional unterstützt hat. Meinen Glauben an das Projekt und die Kraft, es auch zu Ende zu bringen, verdanke ich vor allem seiner Weisheit. Das gilt auch für meine liebe Freundin Birgit, ohne deren Inspiration, Motivation und ganz praktische Hilfe ich dieses Buch wohl niemals hätte fertigstellen können.

Folgenden Menschen und Personen verdanke ich viel für meine persönliche Entwicklung: Meinem Vater danke ich für seinen Ehrgeiz und seine Willensstärke, meiner Mutter dafür, dass sie immer an mich geglaubt und mir den größtmöglichen Freiraum für meine persönliche Entwicklung gegeben hat. Meinen Verwandten, Freunden, Mentoren, Beratern, Motivatoren, Inspirationsquellen und Sprachrohren Gottes in meinem Leben:

Meinen guten alten Freunden Frank, Hartmut, Detlef, Marcel, Axel, Raimund, Helmut und Ilka.

Meinen Lehrern Frau Spengler, Herr Stock, Herr Kleine, Herr Meindl, meiner Abi-Kunstlehrerin.

Meinen vermeintlichen Übeltätern, denn durch sie wurde ich gezwungen, mir immer stärker bewusst darüber zu werden, was meine eigentlichen Stärken und inneren Werte sind, die ich leben will.

Meinen Unterstützern, Mentoren und Vorbildern Pfarrer Wolfram Stracke, Schwester Inge, meiner Tante Elli, Michael Wolf, Ralf Pechmann, Martin Schultheiß, die beiden Radja-Yogis Gudrun und Gudrun.

Meinen Beratern, den Psychologen Horst Marx und Manfred Cezanne.

Klarheit, Ruhe, Frieden, Zufriedenheit, Intuition, Innere Freiheit, Erfülltheit, Vertrauen, Trost, Freude, Offenheit, Harmonie, Erneuerung

Geborgenheit, Zuwendung Selbstwertgefühl, Mut, Kraft, Ruhe, Frieden, Zufriedenheit, Großzügigkeit, Versöhnlichkeit, innere Freiheit, Vertrauen, Trost, Harmonie, Ganzheit, Entfaltung, Lebendigkeit

usdauer/Geduld, Gefasstheit, uhe, Frieden, Zufriedenheit nnere Freiheit, Erfülltheit, reude, Ganzheit, onzentration, Lebendigkeit

Ausdauer/Geduld, Gelassenheit, Ruhe, Frieden, Zufriedenheit, Versöhnlichkeit, Innere Freiheit, Vertrauen, Harmonie, Wertschätzung

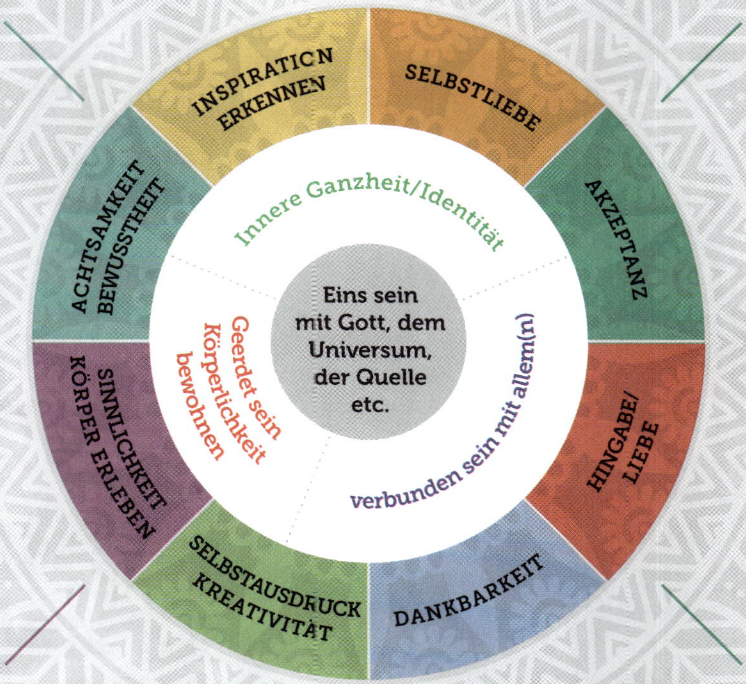

raft, Zufriedenheit, Innere reiheit, Erfülltheit, Vertrauen, onzentration, Entfaltung, ffenheit, Lebendigkeit, elbstwertgefühl, Ganzheit, armonie

Zuwendung, Ausdauer/Geduld, Zugehörigkeit, Verbundenheit, Zufriedenheit, Großzügigkeit, Versöhnlichkeit, Innere Freiheit, Erfülltheit, Freude, Mitgefühl, Harmonie, Offenheit, Wertschätzung

Entschlussfähigkeit, Mut, Verbundenheit, Zufriedenheit, Innere Freiheit, Erfülltheit, Selbstwertgefühl, Konzentration, Entfaltung, Lebendigkeit, Offenheit, Erneuerung

Ruhe, Frieden Zufriedenheit, Erfülltheit Vertrauen, Freude Harmonie, Wertschätzung

[1] https://www.welt.de/vermischtes/article13851651/Fuenf-Dinge-die-Sterbende-am-meisten-bedauern.html

[2] Goethes Faust, Kapitel 4

FSC www.fsc.org
MIX
Paper from responsible sources
FSC® C100431

Best.-Nr. 835 274
ISBN 978-386334-274-6
Umschlaggestaltung und Satz: Andreas Sonnhüter,
www.grafikbuero-sonnhueter.de
Grafiken: Ann Muse, ViSnezh, iconvectorstock, RaulAlmu,
Boo-Tique (shutterstock.com); Freepic;
S. 49 mit freundlicher Genehmigung
von Dagmar Neubronner, Genius Verlag, Bremen

Druck und Verarbeitung: MultiPrint Ltd., Bulgarien, www.multiprint.bg
www.adeo-verlag.de

Wann immer ich heute durch eine unverhoffte Wartezeit die Gelegenheit erhalte, etwas mehr zu mir zu kommen, achte ich einmal bewusst auf meine Körperhaltung. Wie sitze oder stehe ich da? Sind meine Schultern entspannt oder ziehe ich sie unbewusst nach oben? Sitze oder stehe ich mit gekrümmtem Rücken? Wie ist die Haltung meines Kopfes? Lasse ich ihn hängen oder ruht er ausbalanciert mittig auf meiner Halswirbelsäule? Welche Veränderung in meiner Selbstwahrnehmung erfahre ich, wenn ich meinen Oberkörper vom Becken über meine Brust bis hoch zu meiner Halswirbelsäule und meinem Kopf in eine aufgerichtete, würdevolle Haltung bringe?

Zu Hause oder in einem unbeobachteten Moment kann ich auch einmal die Wirkung sogenannter Powerposen auf mich ausprobieren:
http://tiny.cc/PowerPosen

Heute nutze ich „kleine" Gelegenheiten, die Welt um mich herum wieder ein Stück mehr ins Gleichgewicht zu bewegen, denn viele kleine Tropfen können ein Fass zum Überlaufen bringen:

- Einen Platz sauberer und aufgeräumter hinterlassen, als ich ihn vorgefunden habe oder
- Mich für ein lokales oder weltweites Spendenprojekt interessieren und es gezielt unterstützen oder
- Die Ressourcen dieser Erde (Energie, Wasser usw.) heute und an vielen weiteren Tagen mit größter Achtsamkeit und maßvoll nutzen (Verzicht oder Wiederverwendung von Verpackung, recyceln statt wegwerfen, nicht verbrauchte Lebensmittel retten und verschenken anstatt wegwerfen oder
- Einem Menschen, der meine Zuwendung braucht, ein offenes Ohr schenken oder ...

Ich konzentriere mich eine Zeit lang ausschließlich auf meinen Atem. Ich beobachte völlig absichtslos, wie ich einatme und sich mein Brustkorb mit Luft füllt und sich meine Bauchdecke hebt. Beim Ausatmen kann ich mich auf das Gefühl konzentrieren, wie die Luft über meine Lippen streicht und aus mir herausströmt, ohne dass ich bewusst etwas dazu tun muss.

Als Nächstes mache ich mir ein Problem, eine Sorge oder negative innere Haltung bewusst und lasse sie beim Ausatmen willentlich los. Wenn es mir hilft, kann ich es auch innerlich oder laut vor mir aussprechen: Einatmen – ausatmen und sagen: „Ich lasse jetzt ... (dieses oder jenes Problem) los." Ich spüre, wie mit jedem Ausatmen und aktiven Loslassen mein Körper förmlich leichter wird und ich mich mit jedem weiteren Atemzug mehr und mehr entspanne.

Ich bete:
*„Gott, gib mir die Gelassenheit, Dinge hinzunehmen,
die ich nicht ändern kann,
den Mut, Dinge zu ändern, die ich ändern kann,
und die Weisheit, das eine vom anderen zu unterscheiden."*
(Reinhold Niebuhr)

- Mit welchen Dingen (Beziehungen, Umständen etc.) in meinem Leben bin ich vollauf zufrieden, sodass ich mich dankbar darüber freuen kann?
- Wo kann ich in meinem Leben bzw. in meinem Umfeld etwas (wenn auch nur Kleinigkeiten) zum Besseren verändern?
- Zu welchen Problemen, die ich im Augenblick nicht lösen oder verändern kann, gelingt es mir, vielleicht eine veränderte Einstellung zu erhalten bzw. sie einfach loszulassen?

In einem ruhigen Moment entzünde ich eine Kerze und betrachte eine Zeit lang die Flamme. Ich lasse den Atem entspannt kommen und gehen und versuche alles hinter mir zu lassen, was mich gerade beschäftigt. Alles, was mich belastet, gebe ich jetzt gedanklich in die verzehrende Kraft des Feuers hinein. Danach spreche ich folgendes Gebet:

„Du helles Christuslicht,
beschütze und beschirme mich.
Du helles Licht der Veränderung,
schütze mich vor negativen Energien.
Lass nur zu, dass mich positive Energien erreichen.
Schicke die negativen Energien dahin zurück,
woher sie gekommen sind,
oder nimm sie in dein Licht auf.
Lass mich die negativen Energien rechtzeitig erkennen
und in deinem Sinne mit ihnen umgehen."
(Verfasser unbekannt)

Unter folgendem Link ist die geführte Meditation „Das weise Selbst" zu finden:

http://tiny.cc/WeisesSelbst

Ich bete und meditiere mit und über folgende Worte:

„Liebevoller Gott,
erfülle mich mit deinem Geist,
segne mich mit deinem Segen,
bewahre meine Seele in dir."

Jedes Mal, wenn ich heute Gott um etwas bitten möchte, bete ich zunächst das wichtigste Gebet: „Bitte heile meine angsterfüllten Gedanken!" Anschließend schaue ich, ob mir mein Anliegen immer noch so wichtig ist.

Wenn meine Bitten nicht mehr primär von Ängsten und Sorgen geleitet sind, versuche ich zu glauben, dass Gott meine Bedürfnisse und Wünsche kennt, noch bevor ich sie vor ihn bringe.

Mit geschlossenen Augen konzentriere ich mich auf meinen Atem. Ich beobachte, wie sich beim Einatmen mein Brustkorb weitet und meine Bauchdecke sich hebt. Beim Ausatmen konzentriere ich mich darauf, wie die Luft über meine Lippen streicht und aus mir herausströmt, ohne dass ich bewusst etwas dazu tun muss. Nach einer Weile frage ich mich, welche Seelenqualitäten ich im Augenblick am nötigsten brauche, und notiere sie: „Frieden, Ruhe, Gelassenheit, Geduld, Liebe ... usw." (siehe Moodfinder auf S. 15). Dahinter schreibe ich jeweils eine Farbe, die ich jeder Qualität zuordne. Beim nächsten Einatmen entscheide ich mich für eine Seelenqualität und stelle mir vor, wie ich diese positive Energie gleich einem farbigen Sprühnebel bis tief in meinen Bauch in mich aufsauge. Beim Ausatmen visualisiere ich, wie diese farbige Kraft sich von dort aus in meinem ganzen Körper ausbreitet. Vielleicht spüre ich, wie sich mein Körper dabei immer mehr weitet und ich mich innerlich und äußerlich aufrichte. Zur Bekräftigung sage ich beim Einatmen: „Ich nehme jetzt ... (diese oder jene Qualität) in mich auf."

Heute beobachte ich einmal meine Gedanken dahingehend, wie wohlwollend und fürsorglich oder kritisch und anzweifelnd ich mit mir selbst umgehe. Immer, wenn ich bemerke, dass eine innere Stimme versucht, mich kleinzumachen oder mir den Mut für etwas zu nehmen, sage ich mir innerlich sofort „Stopp!" und atme zweimal tief durch.

Anschließend frage ich mich, was in dieser Situation meine eigentlichen Wünsche und Bedürfnisse sind. Dann antworte ich dem inneren Kritiker etwa so: „Ja, danke für deinen Hinweis. Aber ich habe schon so einige Aufgaben gemeistert und werde diese mit etwas Unterstützung auch bewältigen können." Oder: „Ja, ich habe deinen Zweifel wahrgenommen, aber ich werde ... doch einmal versuchen, weil mir ... sehr wichtig ist."

Wann immer die innere Selbstkritik oder der Zweifel in mir auftauchen, verurteile ich mich nicht. Ich nehme die Position eines neutralen Betrachters ein und sage mir: „Ah ja, das ist ja interessant." Oder: „Okay, das kommt mir bekannt vor." Anschließend formuliere ich für mich daraufhin eine wohlwollende Selbstbekräftigung nach obigem Beispiel.

Ich suche mir einen abgelegenen, stillen Platz, wo ich einige Zeit ungestört sitzen oder liegen kann. Während ich die Augen geschlossen halte, konzentriere ich mich nur auf meinen Atem. Wie er kommt und wie er geht, ohne dass ich etwas dazu tun muss. Vielleicht beobachte ich, wie mein Atem nach einer Weile etwas ruhiger, langsamer oder auch tiefer wird?

Nun atme ich einige Male durch meine Nase tief in meinen unteren Bauch hinein und anschließend wieder langsam und vollständig aus. Ich achte nun auf diesen winzigen Moment zwischen Aus- und wieder Einatmen. Muss ich nach dem Ausatmen wirklich sofort wieder Luft holen? Oder kann ich vor dem nächsten Atemzug kurz innehalten, bevor der Impuls, erneut Atem zu holen, von selbst anspringt? Wie lange ist es mir möglich, ohne Anstrengung in dieser Pause zwischen Ein- und Ausatmen zu verweilen? Welche Auswirkung hat die Wahrnehmung dieser Atemschwelle auf mich?

Ich bitte ein bis drei sehr gute Freunde, mir auf folgende zwei Fragen zu antworten (am besten schriftlich):

- Was ist aus deiner Sicht das Einzigartige an unserer Freundschaft? Was ist zwischen uns das Besondere, was sich von deinen anderen Freundschaften unterscheidet? Also: „Wenn ich an meine Freundschaft mit ... denke, fällt mir sofort ... ein."
- Was ist deiner Meinung nach das Besondere, das Einzigartige (zum Beispiel Charaktereigenschaften oder Wesensmerkmale) an mir? Was ist es, das mich aus deiner Sicht ausmacht? Welche besonderen Eigenschaften/Fähigkeiten verbindest du in erster Linie mit mir?

Meine Freunde dürfen mir ihre spontanen, ungefilterten Eindrücke und Gedanken gerne auch in Stichwörtern oder anhand von gemeinsamen Erlebnissen mitteilen. Ich notiere oder klebe mir die Antworten hinten im Buch ein und lese sie mir immer dann durch, wenn ich diese Meditation aufschlage.

Ich erinnere mich jetzt an mindestens eine Situation, in der ich eine große Herausforderung (zum Beispiel eine Prüfung) in meinem Leben gemeistert habe.

- Wie fühlte es sich an, als ich die „Aufgabe“ bewältigt, ein großes Problem hinter mir gelassen hatte?
- Welches waren die Qualitäten, Begabungen, Fähigkeiten, anhand derer ich die Herausforderung bewältigen konnte?
- Welche Hilfe und Unterstützung habe ich dabei von außen erfahren?

Ich mache mir Folgendes klar: „Mit dem erinnerten Gefühl meines damaligen Triumphes, dem Wissen um meine positiven Eigenschaften und um die Tatsache, dass ich mir jederzeit Unterstützung holen kann, werde ich auch die nächste schwere Aufgabe bewältigen.“

Zu verschiedenen Gelegenheiten summe
oder singe ich heute öfter die Worte des Textes
„Ich bin durchdrungen“:

http://tiny.cc/Lied2

Ich erinnere mich an ein oder mehrere einschneidende Ereignisse und Veränderungen, die mein Leben entscheidend beeinflusst und in eine besondere Richtung gelenkt haben und für die ich heute dankbar bin. Dann beantworte ich mir anhand dieser Erinnerungen folgende drei Fragen:

- Welche Rolle spielte für diese Veränderung mein eigenes Bestreben?

- Welche vermeintlich „zufälligen" Umstände bzw. welche besonderen Menschen trugen dazu bei?

- Inwiefern haben diese Ereignisse dazu beigetragen, mich zu dem Menschen werden zu lassen, der ich heute bin?

Indem ich heute keine Uhr bei mir trage, verlasse ich mich auf mein inneres Zeitgefühl und werde erleben, wie ich – ohne äußere Taktgeber – wieder zu meinem eigenen Rhythmus, in den Flow, gelange.

Meditative Handgeste:
Selbstfürsorglichkeit, Selbstachtung, Selbstliebe.

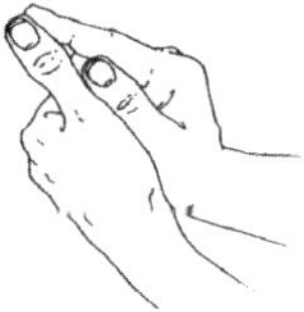

1. Lege den rechten Zeigefinger an den linken Daumen, halte Mittelfinger, Ringfinger und kleinen Finger der rechten Hand mit den übrigen Fingern der linken Hand fest.

2. Der rechte Daumen sitzt nun wie ein Kind zwischen seinen Eltern. Halte die Hände so, dass die Finger nach oben zeigen, mindestens 60 bis 90 Sekunden lang.

3. Spüre dem Gefühl nach, das diese Haltung in dir auslöst. Frage dich: Was brauche ich jetzt/heute (nicht morgen oder irgendwann) am Nötigsten?

Ich richte meine Aufmerksamkeit jetzt nach und nach auf bestimmte Teile meines Körpers (meine Füße, meine Beine, Oberschenkel, Hüfte, Gesäß, Rücken, Bauch, Brust, bis hoch zu meinen Armen, Schultern, Hals und meinem Kopf) und betrachte und/oder berühre jeden Körperteil eine Zeit lang liebevoll und dankbar. Vielleicht kann ich anfangen zu staunen über das Geschenk, in meinem Körper wohnen zu dürfen. Vielleicht möchte ich auch mal einen Dank an meinen Körper aussprechen: „Ich danke dir, lieber Rücken, dass du mich aufrecht hältst." Oder: „Vielen Dank, lieber Bauch, dass du immer so gut funktionierst und so viel (Verdauungs-)Arbeit für mich übernimmst."

Ich erzähle Gott von meinen Sorgen und Ängsten, so, wie ich mit meinem besten Freund oder meiner besten Freundin rede. Ich klage ihm mein Leid und lege meine inneren und äußeren Belastungen und Beschränkungen in Gottes Hände – bei ihm sind sie gut aufgehoben.

Ich lasse mich jetzt von allem befreien, was mich davon abhält, meinen inneren und äußeren Reichtum zu entdecken. Der Schöpferkraft danke ich für alles, was ich bin und bereits empfangen habe.

Mit meiner rechten Hand auf meiner Herzgegend beobachte ich eine Zeit lang meinen Atem. Ein- und Ausatmen ereignen sich, ohne dass ich etwas dazu tun muss. Im ersten Schritt visualisiere ich beim Einatmen, wie aus meinem Herzen liebevolle Zuwendung, gleich einem goldenen Licht, entspringt und sich beim Ausatmen in meinem ganzen Körper ausbreitet. Ich wiederhole diesen (und den folgenden Schritt) einige Male. Beim zweiten Schritt richte ich meine Aufmerksamkeit mehr auf das Ausatmen und stelle mir vor, wie ich dabei diesen Liebesstrom durch meinen rechten Arm und meine rechte Hand in mein Herz leite.

Ich wähle heute in einem Bereich meines Lebens bewusst eine Möglichkeit aus, um etwas, das ich schon immer so mache, auf veränderte Art und Weise zu erleben oder zu sehen (zum Beispiel indem ich einen anderen Weg zur Arbeit wähle, spontan ein Gespräch mit einem mir noch unbekannten Menschen anfange oder Ähnliches).

Ich lasse mich heute von dem Leitsatz
„Ja zum Jetzt" den Tag über begleiten:

http://tiny.cc/JazumJetzt

Um diese Realität auch immer mehr in meinem Alltagsbewusstsein zu verankern, mache ich über mehrere Wochen mindestens täglich 5 Minuten folgende Übung: Ich setze oder lege mich entspannt an einen Ort, wo ich ungestört bin. Ich beobachte eine Weile meinen Atem, wie sich meine Bauchdecke beim Einatmen hebt und beim Ausatmen wieder senkt. Ich spüre, wie ich dasitze oder liege. Ich achte einen Moment auf die Geräusche um mich herum. Kann ich die Stille vernehmen, vor der sich die Geräusche abspielen wie auf einer Bühne?

Dann achte ich eine Zeit lang auf meine Gedanken. Wenn ein bestimmter Gedanke auftaucht, registriere ich ihn und lasse ihn dann wieder weiterziehen. Die kleine Pause, bevor der nächste Gedanke auftaucht, nutze ich, um mich zu fragen: Was wird mein nächster Gedanke sein? Indem ich auf den nächsten Gedanken lauere, bemerke ich, wie die kleine Pause dazwischen immer länger wird. In diesen Momenten nehme ich die ursprüngliche Qualität von Stille und Frieden wahr, die meiner Seele innewohnt.

Ich erinnere mich heute an eine oder mehrere Situationen in meinem Leben, in denen ich mich durch ein Erfolgserlebnis mutig und stark gefühlt habe. Was ist mir in meiner Kindheit, Jugend, meinem Erwachsenenalter besonders gut gelungen? Wofür habe ich Anerkennung und Wertschätzung erfahren?

Ich suche mir einen dieser besonderen Momente aus und genieße ihn rückblickend noch einmal in all seinen Einzelheiten: Was waren die Reaktionen der anderen? Welche Gefühle habe ich dabei in mir wahrgenommen? Während ich den Eindrücken und Gefühlen noch eine Zeit nachspüre, verankere ich sie schließlich durch das Hören der wingwave-Musik: http://tiny.cc/wingwave

Ich verschaffe mir heute einen Überblick über meine Ziele, Wünsche und Aufgaben und ordne diese nach folgenden Gesichtspunkten.

- Dringend = will ich heute erledigen

- Nicht dringend, aber wichtig = werde ich zu einem festzulegenden Termin erledigen

- Weder dringend noch wichtig = hat Zeit, auf irgendwann aufgeschoben zu werden

Auf einem großen Blatt Papier (mindestens DIN A3) fertige ich folgende Skizze an: Ein kleines Symbol (das für mich steht), umgeben von 5 bis 6 konzentrischen Kreisen in einem Abstand von wenigen Zentimetern. Auf diesen Ringen notiere ich nun die Menschen aus meinem Umfeld, je nachdem, ob sie mir näher oder ferner stehen. Anschließend vermerke ich mir stichwortartig hinter jedem Namen einfache und bedeutsame Dinge, für die ich derjenigen Person dankbar bin.

Diese Grafik zeigt mir meinen eigentlichen Reichtum, mein Netzwerk aus lebendigen Beziehungen, die mein Leben zu dem machen, was es ist. Beim nächsten Mal, wenn ich diese Übung aufschlage, notiere ich in einer anderen Farbe, welche positiven Eigenschaften oder Werte ich in die jeweilige Beziehung mit einbringe. Beim übernächsten Mal frage ich mich, welche Qualitäten mir noch fehlen und wie, beziehungsweise bei wem ich diese finden/entwickeln könnte. Bei allen folgenden Malen suche ich mir eine Person heraus, die mir nähersteht, und teile ihr (beispielsweise in einem persönlichen Brief) mit, was ich an ihr schätze und wofür ich ihr dankbar bin.

Heute suche ich mir zur tief stehenden Morgen- oder Abendsonne einen geraden Weg, auf dem ich es wagen möchte, der Sonne ein paar Schritte mit geschlossenen Augen entgegenzugehen. Während ich mich mit meinen Füßen (eventuell auch barfuß?) vorsichtig vorwärtstaste, geben mir ausschließlich die wärmenden Sonnenstrahlen in meinem Gesicht Auskunft darüber, ob ich mich noch in die „richtige" Richtung bewege. Ich achte bewusst auf die Beschaffenheit meines Untergrundes und setze Schritt für Schritt mit Bedacht. Zwischendurch bleibe ich immer wieder einmal stehen und lausche weiter mit geschlossenen Augen den Geräuschen. Ich darf spüren, wie der Wind meine Haut berührt, und die verschiedenen Gerüche wahrnehmen. Am Ende meines Weges öffne ich langsam erst das eine und dann das andere Auge und kann darüber staunen, wie sich die Welt um mich herum nun mit helleren Farben und leuchtender mitteilt als zuvor.

Heute suche ich mir einen Ort, wo ich längere Zeit ungestört damit verbringen kann, einen einzigen Gegenstand (Blume, Kastanie, Apfel oder ähnliches) in etwa 20 bis 30 Zentimeter Abstand vor meinen Augen zu platzieren und absichtslos zu betrachten. Jedes Mal, wenn eine Beurteilung, Beschreibung, Wertung oder ein anderer Gedanke/anderes Gefühl bezüglich des Gegenstands in mir auftaucht, lasse ich diesen/dieses an mir vorbeiziehen. Ganz entspannt lasse ich meinen Blick einfach immer weiter auf der „Ganzheit" vor mir ruhen, etwa so, als würde ich versonnen und unfokussiert in die Ferne schauen. Ich erblicke diese Etwas in diesem Moment wie eine Kreatur von einem fernen Stern. Ich versuche mir klar zu machen, dass dieses unbekannte Wesen seine eigene Identität und Existenzberechtigung hat, unabhängig von meiner Betrachtung oder meiner Einstellung zu ihm.

Nun stelle ich mir vor, dass dieses „lebendige Ding" mir etwas mitteilen möchte, so als hätte es ein eigenes Bewusstsein. Was möchte mir dieser Gegenstand, diese Pflanze über sich erzählen? Wie gelingt es mir, mich dieser Wesenhaftigkeit gegenüber so zu öffnen, dass ich die ihr zugrunde liegende, innewohnende Wahrheit für mich erkenne?

Wenn ich mich heute erschöpft fühle und einen Moment Erholung brauche, lege ich mich an einer ruhigen, unbeobachteten Stelle flach auf den Rücken. Ich spüre, wie weich oder hart sich die Unterlage anfühlt. Nach und nach gebe ich immer mehr meines Körpergewichtes in den Boden unter mir ab. Die Erde unter mir, aus der ich gemacht bin, trägt mich und nimmt alles von mir auf, was mich beschwert.

Indem ich spüre, wie allmählich die Spannung aus meinen Muskeln weicht, mache ich mir bewusst, dass ich eines Tages wieder zu dieser Erde unter mir zurückkehren werde. Ich sterbe jetzt gerade einen kleinen Tod, so wie ich auch jede Nacht, wenn ich mich zum Schlafen hinlege, alles loslasse, um (wenn Gott will) am nächsten Morgen wieder erfrischt aufzuwachen.

Wie schwer fühlt sich mein Körper nun noch an? Spüre ich meine Unterlage noch oder bin ich eins mit ihr geworden? Wenn ich meine Ruhepause beenden möchte, rolle ich mich zunächst auf die Seite, um dann um meinen Körperschwerpunkt herum kreisend wieder zum Stehen zu kommen.

Ich wende mich heute und in Zukunft immer wieder einmal in einigen ruhigen Minuten aktiv meinem inneren Kind zu. Dabei lasse ich ein Bild von mir als Kind (in einem beliebigen Alter) vor meinen inneren Augen erscheinen, in dem ich mich wohlwollend und wertschätzend wiedererkenne. Ich widme dieser Vorstellung zunächst immer wieder etwas Zeit und lade dann, wenn es sich richtig anfühlt, mein inneres Kind ein, sich mir mitzuteilen oder anders Kontakt zu mir aufzunehmen. Ich frage das innere Kind, ob es etwas von mir braucht oder ob es mich einladen will, etwas Bestimmtes zu tun.

Ich nutze heute verschiedene Gelegenheiten, um Menschen Wertschätzung, Dankbarkeit und Anerkennung auszudrücken. Wenn mir jemand die Tür aufgehalten hat oder ich von einer Kassiererin besonders zuvorkommend bedient worden bin, dann drücke ich dies mit einem einfachen, anerkennenden Satz aus, ohne mir Gedanken über die mögliche Reaktion des Gegenübers zu machen: „So freundlich bin ich schon lange nicht mehr bedient worden. Ich danke Ihnen herzlich dafür." Oder: „Danke, dass Sie sich Zeit genommen und mir so geduldig zugehört haben."

Jedes Mal, wenn ich mich heute dabei ertappe, dass ich über andere Menschen oder Umstände meckere oder schimpfe/lästere, stelle ich mir folgende Fragen:

- Habe ich wirklich alle Informationen, um mir ein Urteil über die Situation/ den Menschen erlauben zu können? (Information)
- Kann ich etwas verändern oder gar verbessern? (Denken)
- Wenn ja, was kann ich tun, um die Angelegenheit für mich und andere zu ändern oder zu verbessern? (Energie)
- Wenn nein, welche positiven Nebeneffekte/Möglichkeiten könnten die bemängelten Umstände/Personen für mich/für andere auch noch haben? (Alternativen)

Um mich über eine längere Zeit darin zu üben, eher die Möglichkeiten als den Mangel wahrzunehmen, kann ich mir ein Armband basteln, auf welchem die vier Buchstaben I D E A (engl. für „Idee") zu lesen sind. Ich trage diese Erinnerungshilfe für 30 Tage. Jedes Mal, wenn mir auffällt, dass ich an etwas oder jemandem etwas auszusetzen habe, wechsle ich das Band auf den anderen Arm und gehe die vier Fragen durch. (Individuell bedruckbare Silikonarmbänder sind online erhältlich.)

Heute will ich mich darin üben, ganz gegenwärtig in dem zu sein, was ich gerade bin und was ich gerade tue. Wenn ich esse, so esse ich ausschließlich und unterhalte mich mal nicht dabei und lese auch nicht währenddessen. Wenn ich irgendwo hingehe, so gilt meine Aufmerksamkeit ausschließlich meinem Gang und den Dingen, die ich auf meinem Weg wahrnehmen kann. Wenn meine Gedanken abschweifen oder ich versuche, mich gleichzeitig mit etwas anderem zu befassen, komme ich wieder zur ungeteilten Konzentration auf die eine Tätigkeit zurück und genieße das Sein im Moment.

In einer Pause, zum Beispiel auf einer Parkbank oder im Restaurant, beobachte ich absichtslos andere Menschen um mich herum. Wenn jemand mein besonderes Interesse geweckt hat, frage ich mich, welches Empfinden diese Person in mir auslöst. Ich stelle mir vor, welches Leben dieser Mensch wohl lebt. Wie wohnt oder arbeitet er, wen liebt er? Was sind wohl seine Fähigkeiten, Marotten und Geheimnisse?

In aller Regel ergeben sich diese Vorstellungen und auch Vorurteile in wenigen Sekunden wie von selbst. Nun verabschiede ich mich von diesen Fantasien und stelle mir diesen Menschen unter ganz anderen Bedingungen und Umständen vor. Denn auch meine ersten Ideen entsprangen ja lediglich meiner Fantasie. Belustigt betrachte ich, wie mein erstes inneres Urteil von meinen eigenen Gefühlen abhing und wie viele andere Möglichkeiten es gibt, die sich total von meinem ersten Eindruck unterscheiden.

Ich lege beide Handflächen ineinander und halte sie dann wie eine Schale nach oben hin geöffnet in meinem Schoß. Meine beiden Daumen berühren sich. Meine Schultern und Arme sind dabei ganz entspannt. Ich beobachte eine Zeitlang ausschließlich meinen Atem, den ich unbeeinflusst fließen lasse. Nun stelle ich mir einen Menschen vor, der mir einmal das Gefühl vermittelt hat, so, wie ich bin, von Herzen angenommen und wertgeschätzt zu sein.* Vor meinem inneren Auge entsteht das Bild, wie er/sie mir gegenübersitzt und mich wohlwollend und mit einem herzlich bejahenden Blick voller Wärme anlächelt. Nachdem ich dieses Gefühl eine Weile genossen habe, wechsele ich innerlich meine Perspektive und sehe mich durch die Augen meines Gegenübers. Zuletzt wechsle ich wieder zu mir zurück und verbeuge mich (innerlich) vor meinem visualisierten Meditationspartner.

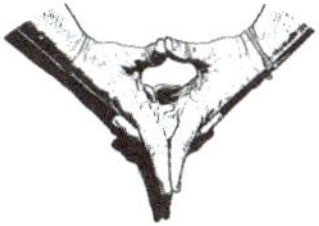

*(Falls es bisher in meinem Leben an dieser Person oder Erfahrung mangelt, suche ich mir jemanden und bitte ihn/sie, mir zu diesem Gefühl zu verhelfen.)

Wann immer sich mir heute eine unverplante Pause anbietet (an der Haltestelle, im Bus, in der Warteschlange), nutze ich diese Gelegenheit bewusst zum Innehalten und Durchatmen. So konzentriere ich mich eine Zeit lang allein darauf, meinen Atem wahrzunehmen ... Ich sitze oder stehe ganz entspannt, lasse die Kiefer-, Schulter- und Armmuskulatur bewusst los und lasse mit jedem weiteren Ausatmen ein wenig mehr Entspannung zu.

Als Nächstes stelle ich mir vor, wie positive Energie aus der Erde unter mir von meinen Füßen über meine Waden und Oberschenkel, mein Becken und meinen Bauch, meine Brust, meine Schultern und Arme bis hoch zu meinem Hals und meinem Kopf hinaufsteigt. Ich vergegenwärtige mir, wie diese Energie wieder vom Kopf bis zu meinen Fußsohlen frei fließen kann.

Ich schaffe mir einen inneren Raum der Stärke, zu dem ich immer zurückkommen kann, wenn ich mich verunsichert und schwach fühle. Ich stelle mir einen sehr angenehmen Raum vor, in dem ich mich gerne aufhalten würde. Dort befindet sich ein Schreibtisch mit 20 Schubladen, von denen jede eine meiner Stärken oder Fähigkeiten beinhaltet. Es gibt auch ein Regal, in dem 10 meiner bisherigen Erfolge in Form von Pokalen stehen. An der Wand hängen Fotos von 5 Menschen, die mir mir viel bedeuten. Dann gibt es noch einen Kronleuchter an der Decke. Die Leuchten daran entsprechen drei oder mehr Werten und Idealen, die mir in meinem Leben Halt und Orientierung geben.

Mit dem Blick aus dem Fenster stelle ich mir vor, wie mein Leben in 5, 10 oder mehr Jahren aussehen könnte. Diesen Raum suche ich immer dann auf, wenn ich mich vergewissern möchte, wer ich bin und was mich ausmacht; also vor allem in Zeiten der Schwäche und Krisen.

Ich sitze oder besser stehe entspannt mit geschlossenen Augen und beobachte für eine Weile meinen Atem. Mit jedem weiteren Ausatmen lasse ich überall dort, wo ich noch Anspannung in meinem Körper wahrnehme (zum Beispiel Schultern, Nacken, Kiefer), nach und nach los. Im Tempo meines nächsten tiefen Einatmens führe ich meine Arme seitlich im Halbkreis über meinem Kopf zusammen, so als wollte ich die Luft um mich herum einsammeln. Beim nächsten Ausatmen bewege ich meine Arme und Hände entlang meiner Körpermitte langsam nach unten, so als „drückte" ich sanft begleitend zu meiner Atembewegung den Luftstrom hinab durch meinen Körper bis zu meinen Beinen in den Boden hinein.

Bei mehrfacher Wiederholung dieser ausholenden und vereinnahmenden Geste stelle ich mir vor, wie ich die kräftigende Energie der Umgebung (und des göttlichen Segens von oben) einsammle und durch meinen ganzen Körper nach unten in den Boden unter mir fließen lasse. Mit dieser Übung fülle und erde ich mich gleichzeitig.

Wenn ich mich heute über jemanden ärgere oder aufrege, frage ich mich, was genau es ist, was mich so an ihm oder seinem Verhalten stört.

Gibt es etwas in oder an mir, was dem Anderen ähnelt oder vielleicht sogar gleich ist, ich aber nicht sehen oder akzeptieren möchte? Ich versuche nun zu dieser (Charakter-)Eigenschaft zu sagen: „Ich liebe und akzeptiere dich genau so, wie du bist. Du bist auch ein Teil von mir und gehörst ebenso zu mir wie alle anderen Besonderheiten."

Oder entdecke ich an dem Ärgerniserregenden der betreffenden Person vielleicht eine Eigenschaft, die ich selbst gerne hätte und unter deren vermeintlichem Mangel ich leide? Dann mache ich mir bewusst, dass alles, was der andere ist oder hat, zu einem gewissen Anteil auch in mir vorhanden ist. Was kann ich unternehmen, um die gewünschte Wesensart in mir mehr zum Strahlen zu bringen?

Ich lausche der geführten Meditation
„Mein geliebtes Kind“:

http://tiny.cc/GeliebtesKind

Ich stelle mich vor einen Spiegel und benenne die Eigenschaften (oder Teile meines Körpers), die ich an mir überhaupt nicht mag. Anschließend gehe ich Eigenschaft für Eigenschaft durch und spreche mir laut vor: „Auch wenn ich dieses oder jenes überhaupt nicht an dir leiden kann, so danke ich Gott jetzt genau dafür und nehme dich … (Name) jetzt genau so, wie du bist, liebevoll an.

Wenn heute ein unangenehmes Gefühl in mir auftaucht, dann gehe ich nicht, wie sonst meist, einfach darüber hinweg und versuche auch nicht, es wegzudrücken. Stattdessen nehme ich mir etwas Zeit, das Gefühl in mir wahrzunehmen. Es kann helfen, wenn ich versuche, bewusst in dieses Gefühl hineinzuatmen und mir dabei zu sagen: „Ich nehme dich (das Gefühl benennen) jetzt zur Kenntnis. Du darfst da sein, denn du gehörst zu mir, genauso wie alle anderen Gefühle und Gedanken. Danke, dass du dich mir zeigst und mir etwas mitteilen möchtest. Ich möchte verstehen, was du mir sagen möchtest."

Wenn ich das Gefühl zulasse, werde ich feststellen, dass es gar nicht mehr so intensiv ist, wie ich es zu Anfang empfunden habe. Ich kann wahrnehmen, wie es immer schwächer wird und sich allmählich sogar eine tiefe innere Ruhe in mir ausbreitet.

Ich nehme mir heute in einem ruhigen Moment die Zeit, mir den mit dem QR-Code abrufbaren Mood-Song anzuhören und ihm nachzuspüren.

http://tiny.cc/akzeptanz

Heute lege ich mich in einem Moment der Ruhe flach auf den Rücken. Ich atme mehrere Male ein und aus und versuche, mit jedem Ausatmen ein wenig mehr von der Schwere meines Körpers an den Boden unter mir abzugeben. Wenn es sich richtig anfühlt, versuche ich, mich langsam und auf mehrere verschiedene Arten allmählich aufzusetzen und dann aufzustehen. Wenn es mich mehr Kraft kostet, als ich im Augenblick zu besitzen scheine, breche ich meine spielerischen Versuche ab, ruhe mich aus und beginne von Neuem. So lange, bis ich einen Weg gefunden habe, der es mir ermöglicht, außer meinen Körperkräften auch die Ausdehnung des Raums und die Schwerkraft mit zu nutzen.

Ich mache mir bewusst, dass nicht nur das Ergebnis meines aufgerichteten Körpers zählt. Vielmehr nehme ich erfreut jede Phase meiner kindlich verspielten Bewegungen wahr. Indem ich in verschiedenen Abschnitten des Bewegungsablaufs innehalte, staune ich über das Wunder, der Schwerkraft trotzen zu können.

Heute erinnere ich mich daran, wie heilsam es ist, die Welt um mich herum und vor allem mich selbst immer wieder einmal nicht so ernst zu nehmen. Über mich selbst und meine (vermeintlichen) Probleme lachen zu können, selbst wenn mir nicht danach zu Mute ist, ist daher immer eine gute Übung. Auch wenn es anfangs etwas ungewohnt ist, probiere ich heute die befreiende Wirkung des grundlosen Lachens aus: http://tiny.cc/lachyoga

Wenn ich heute in eine Situation komme, die meine Geduld und meine Nerven aufs Äußerste strapaziert, halte ich inne und atme zwei- bis dreimal tief durch. Was fühle ich gerade (Wut, Verzweiflung, Hilflosigkeit)? In welchen Bereichen meines Körpers manifestieren sich meine Gefühle (zum Beispiel als Hitze, Enge, Schwere, Schmerz)? Dann atme ich tief in die Körperregionen hinein und erlaube mir die Gefühle bewusst.

Im nächsten Schritt frage ich mich: Bietet diese unerwartete Situation für mich auch Vorteile? Was ist es genau, was mich stört oder nervt? Ich beobachte die Ursache meiner Verstimmung einmal in allen Einzelheiten und neugierig wie ein Forscher. Welche anderen, vielleicht absurden, überspitzen Möglichkeiten, auf diese Situation zu reagieren, hätte ich jetzt auch noch? Ich lasse meiner Fantasie freien Lauf und kann schließlich vielleicht sogar über die Gewöhnlichkeit oder Geringfügigkeit des Anlasses schmunzeln.

Ich höre die geführte Meditation
„Ja zu mir!“:

http://tiny.cc/jazumir

Ich nehme eine Handvoll trockener Bohnen, Kichererbsen, Kieselsteinchen oder Ähnliches in meiner linken Hosentasche mit durch meinen Alltag. Immer dann, wenn ich etwas Positives, Beglückendes erlebe, wandert eine Bohne von der linken in die rechte Hosentasche. Einen freien Parkplatz in der Stadt gefunden – eine Bohne wechselt in meine rechte Hosentasche. Zufällig einen netten Bekannten getroffen – eine Bohne von links nach rechts. Eine Aufgabe erfolgreich abgeschlossen – usw.

Am Abend sehe ich nach, wieviele Bohnen ich in meiner rechten Hosentasche gesammelt habe, und versuche, mich so detailliert wie möglich an die schönen Momente zu erinnern. Worüber kann ich mich freuen und wofür dankbar sein?

Ich bringe mich bewusst in Gottes Gegenwart und stelle mir vor, dass ich mich seinem Liebesstrom aussetze, so als stünde ich unter einem großen Scheinwerfer oder einer erfrischenden Dusche. Während seine Liebesenergie mich durchströmt, lasse ich nach und nach mir nahestehende Angehörige und Freunde vor meinem inneren Auge erscheinen. Auch diese geliebten Menschen stelle ich im Geiste unter diesen Energieschirm aus Licht und frage mich, welche innere Stärke oder welchen äußeren Segen sie oder er wohl jetzt am nötigsten braucht. Im Vertrauen darauf, dass Gott jedes Gebet erhört, das purer Hingabe und kindlichem Vertrauen entspringt, stelle ich mir vor, wie mein Lieblingsmensch genau diesen Segen erhält und ihm das Benötigte in vollem Maße zuteil wird.

Ich bete mit und meditiere über folgenden Worten:

1. Herr, bitte befreie mich von allem, was mich von dir trennt.

2. Nimm alles weg, was mich davon abhält, deine Stimme in mir klar zu vernehmen.

3. Öffne mein Herz für dich und hilf mir zu verstehen, was du heute für mich und die Welt für das Beste hältst.

4. Erfülle mich mit deinem Geist und segne mich mit deinem Segen.

Ich setze oder stelle mich entspannt einem Menschen meines Vertrauens gegenüber. Wir konzentrieren uns zunächst nur auf unseren Atem und werden uns der Besonderheit unserer beider Anwesenheit in diesem Raum bewusst. In diesem Bewusstsein blicken wir einander in die Augen und jede/r legt die rechte Hand auf sein/ihr eigenes Herz. Während wir mehrere Male ein- und ausatmen, ist mein Blick von Unbefangenheit und bedingungsloser Annahme mir selbst und dem anderen gegenüber erfüllt.

Bei den nächsten Atemzyklen öffne ich mich für die Erkenntnis, dass auch sie/er ebenso wie ich ein Teil des großen Ganzen ist und wir vom Grunde unseres Herzens her gleich und daher eins sind. Wenn es für beide stimmig ist, reichen wir einander die linke Hand. Für die nächsten Atemzüge überlasse ich mich der Gewissheit, dass Gott mit seiner ganzen Pracht und Grenzenlosigkeit in seiner Güte beschlossen hat, in meinem Gegenüber zu leben. Daher darf ich für diesen Moment durch die Augen meines Gegenübers seine unendliche Allgegenwart schauen. In Würdigung unserer beider unsterblichen Seelen verneigen wir uns voreinander und schließen die Übung mit einer herzlichen Umarmung ab.

Ich schreibe mir heute die wichtigsten bisher unerfüllten Lebensträume auf. Welchen Beruf hätte ich noch gern erlernt, was würde ich in einem anderen Leben sein, wenn ich die Wahl hätte?

– Jedes Mal, wenn ich diese Seite aufschlage, nehme ich mir einen ungelebten, unerfüllten Wunsch/Traum und stelle ihn mir mit allen Konsequenzen vor.

– Wie würde mein Leben dann jetzt aussehen, auf was müsste ich verzichten, welche Anforderungen wären dann an mich gestellt? Wenn sich die Vorstellung in allen Einzelheiten gut für mich anfühlt, überlege ich, wie ich meinem Traum in kleinen Schritten näherkommen kann, und überprüfe, ob sich das erhoffte Glück so wirklich einstellt. Erweist sich mein Traum bereits in meiner Fantasie als unangenehm oder nicht stimmig, lasse ich ihn los und beschließe, die vorhandenen Möglichkeiten aus ganzem Herzen anzunehmen und aktiv zu nutzen.

Am Morgen des Tages frage ich mich: Welche Aufgaben, Begegnungen, Herausforderungen erwarten mich heute? Welche seelischen Qualitäten (siehe Moodfinder auf S. 15) können mir dabei behilflich sein?

Ich bitte meine höchste Macht, mir diese Kräfte für diesen Tag oder diese Situationen zu schenken. Eine Freundin/einen Freund bitte ich darum, meine innere Vereinbarung zu bezeugen und mich in Gedanken zu unterstützen.

Wenn das Erbetene mir zur rechten Zeit geschenkt wird, nehme ich es voller Dankbarkeit an.

Heute summe oder singe ich öfter einmal das Mantra „Ewig wertvoll“:

http://tiny.cc/Lied3

Heute werde ich die Gelassenheit und den Mut erhalten, meine Wünsche und Bedürfnisse jemand anderem gegenüber ehrlich und bedingungslos auszusprechen.

Ich werde heute die Kraft erhalten, ein oder zwei Dinge anzugehen und zu erledigen, die ich schon seit langer Zeit vor mir herschiebe.

Heute kann ich mich einem inneren oder äußeren Impuls überlassen, der Wohlbefinden in meinem gesamten Körper ausbreitet.

Heute öffne ich mich dafür, scheinbar Beschränkendes in meinem Leben, wie zum Beispiel Strukturen oder Grenzen, die mir gesetzt werden, als von einer wohlwollenden Absicht getragen zu erfahren und darauf zu vertrauen, dass gerade sie mir helfen, meinen Weg immer klarer zu erkennen.

Hektische, respektlose oder gar bösartige Menschen werde ich heute gleichmütig an mir vorbeiziehen lassen wie einen Schnellzug. Ihre Worte, Gesten und Handlungen werden durch mich hindurchgehen, als wäre ich Luft.

Ich öffne mich heute für die Möglichkeit, auch indirekte Hinweise wahrzunehmen, die mir bei einer Entscheidung helfen. Zum Beispiel durch ein Gespräch, ein Werbeplakat oder einen eher nebenbei verfolgten Radiobeitrag.

Mein Vertrauen darauf, dass ich in Gott geborgen bin, lässt mich heute auch in schwierigen und anstrengenden Situationen ruhig und gelassen bleiben.

Wenn ich dazu bereit bin, werde ich heute ein Rendezvous mit einer meiner Ängste haben. Die Dauer bestimme ebenfalls ich.

Ich achte heute auf die freudigen Rückmeldungen, die mein Körper mir dafür gibt, dass ich achtsam und fürsorglich mit ihm umgehe.

Heute werde ich bei ein oder zwei Gelegenheiten das Alleinsein mit mir genießen.

Mir wird heute die Erfahrung geschenkt,
dass die Grenzen von Raum und Zeit in einem
einzigen Augenblick zerfließen.

Ich bin offen dafür, dass ein Freund/eine Freundin genau die richtigen Worte findet, die mir die Kraft und das Vertrauen geben, mich, meine derzeitige Lebenssituation und anstehende Entscheidungen besser zu verstehen und anzunehmen.

Ich werde mir heute zu verschiedenen Gelegenheiten darüber bewusst werden, dass ich nicht allein bin.

Der heutige Tag schenkt mir einen besonderen Moment in und mit der Natur, in dem ich mich tief verbunden und eins mit allem Lebendigen erlebe.

Heute gelingt es mir einmal mehr, Situationen und Begegnungen ohne feste Erwartungen auf mich zukommen zu lassen.

Wenn mir heute jemand seine Unterstützung und Hilfe anbietet, nehme ich dieses Angebot dankbar und ohne Widerrede an.

Während ich heute gelassen und zufrieden durch den Tag gehe, werde ich mir mindestens eine oder auch mehrere Gelegenheiten genehmigen, um mir selbst etwas Gutes zu tun.

Jede Berührung, die ich heute erhalte, erinnert mich daran, dass ich vollkommen und genau so, wie ich bin, geliebt bin. Mit jeder Berührung gebe ich Frieden, Akzeptanz und göttlichen Segen weiter.

Ich bin bereit, heute in einem besonderen Moment oder einer außergewöhnlichen Begegnung Gottes Fürsorge, Zuwendung und Trost zu erfahren.

Meine Offenheit lenkt meinen Blick heute immer wieder auf die zahlreichen kleinen und großen Wunder des Lebens, über die ich nicht aufhören kann zu staunen und die mein Herz zufrieden und ruhig machen.

Heute kann ich mich öfter einmal in dem Erfolg und der Anerkennung dessen sonnen, dass ich ein liebenswertes Wesen bin, und gönne mir daher zwischendurch immer wieder eine Gelegenheit, nichts zu tun.

Der heutige Tag schenkt mir eine besondere Entdeckung: In meiner scheinbar vertrauten Umgebung (zum Beispiel am Arbeitsplatz oder auf meinem Weg dorthin) werde ich ein neues, bisher ungesehenes Detail wahrnehmen.
Was sagt mir diese Erfahrung über mich und die mich umgebende Welt?

Ich bin heute offen dafür, wahrzunehmen, dass sich Begegnungen mit Menschen auf genau die richtige Weise einstellen und sich Dinge und Angelegenheiten wie von allein ordnen.

Ich werde mich heute in mehreren Situationen sehr bewusst und gegenwärtig wahrnehmen. Ich erfahre mich dadurch als Meister und nicht als Opfer meines eigenen Lebens.

Ein Gespräch oder ein kleines Erfolgserlebnis werden mich heute wieder einmal auf meine besonderen Fertigkeiten und meine ureigene Kraftquelle hinweisen.

Ein sicheres Gefühl dafür, was heute zu tun ist
und was ich besser noch lassen sollte,
wird mich heute durch meinen Tag leiten.

Gott schärft meinen Blick dafür, wer (mich eingeschlossen) oder was heute meiner besonderen Aufmerksamkeit bedarf.

Ich öffne mich für die Möglichkeit, dass mir heute eine neue Entdeckung oder Erkenntnis geschenkt wird, die meinen Blick auf die Dinge und meine Welt verändert.

Heute achte ich bewusster auf die leise Stimme des „Noch nicht!“ oder des „Nicht jetzt“ in mir und nehme mehr und mehr meine eigentlichen Bedürfnisse wahr.

Heute Abend werde ich darüber staunen, wie reich meine innere und äußere Ausbeute dieses Tages sein wird, obwohl (oder vielleicht sogar weil?) ich mir zwischendurch immer wieder genug Pausen genommen habe.

Der heutige Tag hält mindestens eine schöne Überraschung für mich bereit, weil ich flexibel mit meinen Wünschen und Plänen umgehen kann.

Ich werde heute in einer oder mehreren Situationen meinen inneren Reichtum spüren und daraus die Kraft schöpfen, einen Schritt auf mein Gegenüber zugehen zu können.

Heute möchte ich die befreiende Erfahrung machen, dass ich Vorurteile und Bewertungen immer mehr loslassen kann.

Heute werde ich verschiedene Momente, Ereignisse oder Begegnungen mit einer Intensität und Freude wahrnehmen, als gäbe es kein Morgen für mich.

Heute erlebe ich, dass ich mit jedem vorgefassten Urteil und jeder Bewertung, die ich fallen lassen kann, innerlich an Stärke und Halt(ung) dazugewinne.

Meine Erfahrung, dass ich nach jedem Verlust immer wieder neu beschenkt worden bin, gibt mir heute den Mut, ein notwendiges Loslassen, einen Übergang oder Neuanfang aktiv zu gestalten.

Heute werde ich die Erfahrung machen,
dass meine Anwesenheit und Verbundenheit
mit meiner höheren Macht den Raum um mich
herum mit heiligem Glanz erfüllt.

Ich werde heute einige Früchte davon ernten können, dass ich ausdauernd und konsequent meinen Überzeugungen und Werten gefolgt bin.

Heute erlebe ich, wie ein intensives Verlangen und ein ganz spezieller Wunsch erfüllt werden, ohne dass ich deren Befriedigung aktiv suchen muss.

Mit großer Erleichterung stelle ich heute wieder fest, dass erst die Verschiedenartigkeit der Menschen diese Welt vollkommen macht und ich frei von der Illusion werden darf, ich allein könne oder müsse die Ganzheit repräsentieren.

Ich erhalte heute den Mut und die Kraft, Störendes und Ärgerliches im Miteinander freundlich und klar anzusprechen, und erfahre, wie bereichernd und spannungslösend dies ist.

Heute werde ich erleben dürfen, wie befreiend es ist, wenn ich mir erlaube, etwas ohne schlechtes Gewissen auf meine besondere Art und Weise und in meinem Tempo zu tun.

Mir in einer bestimmten Situation heute meiner eigenen Machtlosigkeit bewusst zu werden, vermittelt mir eine neue ungeahnte Form der Leichtigkeit und inneren Freiheit.

Durch meine Initiative finden heute zwei Menschen einen guten Kontakt zueinander.

Die Freude an der Bewegung meines Körpers (egal, ob real oder nur in meiner Vorstellung) lässt mich heute meine Lebendigkeit spüren.

Ich werde heute die Erfahrung machen, die Dinge und Umstände, die mir begegnen, mit großer Leichtigkeit und Gelassenheit nehmen zu können, so als hätte ich noch unendlich viel Zeit vor mir.

Anhand eines ganz konkreten Erlebnisses mache ich heute die Erfahrung, wie relativ und wechselhaft meine Gefühle und Bedürfnisse sind.

Ich kann heute einen falschen Glaubenssatz über mich und/oder mein Leben loslassen, der mich seit Langem davon abgehalten hat, einen wesentlichen Schritt nach vorn zu machen.

Heute werde ich wieder einmal die befreiende Wirkung der selbstvergessenen Hingabe an einen einzelnen schönen Moment oder eine erfüllende Tätigkeit spüren.

Es wird mir heute leichter fallen als sonst,
die Perspektive meines Gegenübers einzunehmen.

In einer ärgerlichen Situation wird sich mir heute eine innere Tür öffnen, durch die ich gehen kann, um auf Rechthaberei, Kampf und Schuldzuweisung einfach zu verzichten.

Ich werde heute mit der Gelegenheit beschenkt, über das Geschenk tiefen Verstehens und Verstandenwerdens zu staunen.

Ein kleinerer oder größerer Fehler, den ich mache, wird mir heute ein leichtes Schmunzeln, wenn nicht gar ein befreites Lachen über mich selbst abringen.

Meine Bedürfnisse nach Anerkennung, Freude und Wertschätzung werden heute im überfließenden Maß befriedigt werden.

Ich werde heute die Umstände in meinem Äußeren vorfinden, die ich zuvor in meinem Inneren vorbereitet habe.

Wenn ich ganz unten bin, richtet Gott mich wieder auf und gibt mir neue Kraft.

Mit allen anderen Friedensstiftern auf dieser Erde baue ich gemeinsam an einer neuen Welt voller Frieden und Gerechtigkeit.

Mit Gottes Hilfe kann ich Trauriges, Ärgerliches und Belastendes ein für alle Mal hinter mir lassen.

Gott kennt Mittel und Auswege für mich, wo ich mich mit meinen Möglichkeiten bereits am Ende wähne.

Gottes Liebe umgibt mich und
schützt mich wie ein wärmender Mantel
und wie ein bergender Schild.

Gottes Geist schenkt mir jede nötige Erkenntnis.

Wenn ich Gottes Nähe suche, schenkt er mir seine volle Hingabe und Aufmerksamkeit.

Jede Bitte, die den Zielen Gottes mit meinem und dem Leben anderer dient, wird erhört werden.

Wenn ich Gottes Möglichkeiten
für mein Leben Vertrauen schenke,
empfange ich auch die Kraft,
dementsprechend zu handeln.

Gottes Wohlwollen und sein Lächeln begleiten meine Wege zu jeder Tageszeit und an jedem Ort.

Mein Sein reicht weit über die Perspektive meines begrenzten irdischen Lebens hinaus.

Jede Erfahrung meines Lebens
ist ein Mosaikstein eines einzigartigen,
wundervollen Kunstwerkes.

Mit Gottes Hilfe kann ich auch scheinbar unlösbare Probleme lösen und scheinbar unüberwindbare Hindernisse überwinden.

Ich wachse geduldig in das hinein,
was ich in Gottes Augen schon immer
war und bin.

Alles, was mit mir in meinem Leben
geschehen ist und geschieht,
im Vergangenen, Heutigen und
Zukünftigen, liegt in Gottes Händen.

Alles, was für mich und mein Leben wesentlich und gut ist, kommt zum richtigen Zeitpunkt auf mich zu.

Gott kennt meine Bedürfnisse und Wünsche, noch bevor ich ihn darum bitte.

Jede einzelne meiner Zellen wurde aus Gottes unendlicher Liebe zu mir einzigartig und wunderschön erschaffen.

Gott kennt meine Schmerzen.
Er sieht, an was ich leide, und weiß
um alle meine Tränen.

Von allem, was ich wirklich brauche,
ist genug für mich vorhanden.

Dass ich da bin und lebe, ist bereits Leistung genug. Mit meinem bloßen Sein erfülle ich bereits den Hauptteil meiner Bestimmung.

Alles ist ganz anders, als ich es mir vorstelle.

Alles darf so sein, wie es ist.

Wenn ich Ruhe und tiefen Frieden für mich suche, werde ich in meinem Inneren fündig.

Wenn ich einer Herausforderung gegenüberstehe, erhalte ich auch zur richtigen Zeit die nötige Unterstützung und Kraft, diese zu bewältigen.

Jede Aufgabe, die für mich gedacht ist, trägt den Samen der Leichtigkeit und der Lösung bereits in sich. Wenn ich den rechten Zeitpunkt abwarten kann, ist es, als erledigte sich die Aufgabe wie von selbst.

Nichts lebt gänzlich für sich allein –
alles ist in einer unsichtbaren Architektur mit-
einander verwoben.

Aus der Stille, also dem erfüllten Alleinsein heraus, schöpfe ich die Kraft, kleine Schritte ebenso wie große Herausforderungen zu meistern.

Das, was in mir wachsen will, darf sich seine Zeit zum Reifen nehmen.

Gottes Fürsorge und Liebe tragen mich und bauen mich wieder auf, wenn ich aus eigener Kraft nicht mehr weiterkann.

Gott kennt meinen unschätzbaren Wert.
Ich bin für ihn unendlich wertvoll.

Was ich selbstlos an Wohltätigem
und Barmherzigem in diese Welt gebe,
findet irgendwann wieder seinen
Weg zu mir zurück.

Auch wenn ich die Würde meiner
Zugehörigkeit zu Gott immer wieder
vergesse, gibt er mich niemals auf;
ich darf immer wieder zur Quelle meiner
Sehnsucht zurückkommen.

Ich erlaube meinem Geist, jedem Erlebnis, jeder Erfahrung und jeder Begegnung seine eigene, ungeteilte Aufmerksamkeit zukommen zu lassen.

Ich sehe die Menschen um mich herum mehr und mehr mit Gottes barmherzigen und gnädigen Augen und erkenne daher überwiegend das Gute in ihnen, mag es noch so verborgen sein.

Keine Stunde kann so dunkel,
kein Ort so finster sein,
als dass Gott mir nicht gerade dann
und genau dort beisteht.

Mit jedem friedvollen Gedanken verströme ich eine unsichtbare Kraft, die auch die Welt um mich herum wieder ein Stück mehr ins Gleichgewicht bringt.

Wenn ich meiner inneren Stimme vertraue, entfaltet sich mein Leben auf seine schönste und bestmögliche Weise.

Gottes unfassbarer Liebesstrom
sendet mir jeden Tag, jede Stunde,
jede Minute und mit jedem Herzschlag
sein uneingeschränktes Ja zu mir.

Weil ich alles in und an mir so annehme und liebe, wie es ist, spiegeln andere mir diese Bejahung und Freude über mich selbst wider.

Je mehr ich mich im Licht göttlicher Liebe aufhalte, umso mehr werden auch meine Gedanken und Taten von Licht und Liebe durchflutet sein.

Es sind vor allem und gerade meine Fehler, Unzulänglichkeiten und scheinbar negativen Seiten, die mich so einzigartig und liebenswert machen.

Negative Gefühle und Gedanken sollen mein Leben nicht bestimmen. Wenn ich auch mit ihnen achtsam umgehe, zeigen sie mir das Potenzial für meine weitere Entwicklung auf.

Gottes Geist in mir will alle meine Gaben, Fähigkeiten, meinen guten Willen und mein liebendes Herz zu größtmöglicher Entfaltung bringen, für mich und zum Wohle aller.

Ein Tag ist wie ein komplettes Leben – nur in konzentrierter Form. Daher kann ich mit jedem neuen Morgen immer
wieder neu beginnen.

Wenn ich an die Unsterblichkeit der Seele glaube, ist unser Erdenleben nur ein kleiner Teil einer unendlichen Geschichte.

Wenn ich meinen Widerstand gegen das aufgebe, was mir nicht geeignet oder perfekt erscheint, werde ich all die Erfahrungen machen können, für die ich hier auf der Erde bin.

In mir und an mir spiegelt sich die unfassbare Schönheit des gesamten Kosmos wider.

Wenn ich heute mein Leben und seine Umstände von Herzen umarmen und bejahen kann, erfüllt sich mein Schicksal auf wunderbare Weise in einem einzigen Augenblick.

Das Geschenk liebevoller Beziehungen und Freundschaften hilft mir dabei, mich selbst und meinen einzigartigen Weg immer klarer zu erkennen.

Indem ich mein Herz für Gott öffne, werde ich immer sensibler für das Wesentliche.

Jeder Mensch, der mir begegnet, offenbart mir eine besondere Facette von Gottes Wesen.

Ich lebe auf dieser Erde, um immer wieder etwas Neues ausprobieren zu dürfen, und nicht dafür, stets alles richtig machen zu müssen.

Unter Gottes liebeserfülltem Blick
entfalte ich mich zu voller Pracht.

Das Innerste meiner Seele ist die Tür zu einem endlosen Universum voller Ideen, Möglichkeiten und Seinszustände.